AF229254

POURQUOI & COMMENT

JE SUIS

BOULANGISTE

PAR

A. LAISANT

Député de la Seine

> Si je poussais à la guerre,
> je serais un fou.
> Si je ne m'y préparais pas,
> je serais un misérable.
>
> — Général BOULANGER

Prix : **30** Centimes

EN VENTE

A LA LIBRAIRIE POPULAIRE

18, rue Richer, 18

MDCCCLXXXVII

POURQUOI ET COMMENT

JE SUIS

BOULANGISTE

A mes Electeurs

POURQUOI ET COMMENT

JE SUIS

BOULANGISTE

PAR

A. LAISANT

Député de la Seine

> Si je poussais à la guerre,
> je serais un fou.
> Si je ne m'y préparais pas,
> je serais un miserable.
>
> Général BOULANGER.

— ×—

PARIS

IMPRIMERIE TYPOGRAPHIQUE MAYER ET Cie

18, rue Richer, 18.

—

MDCCCLXXXVII

POURQUOI ET COMMENT

JE SUIS

BOULANGISTE

Puisque le malheur des temps, puisque la fatalité de la politique nous imposent une classification nouvelle dans les partis ; puisque le nom d'un homme est à cette heure un drapeau ; puisque, parmi les meilleurs républicains, il y a aujourd'hui des anti-Boulangistes et des Boulangistes ; puisqu'il en est ainsi, le devoir de chacun, et surtout le devoir des élus de la Nation est, à mon avis, de s'expliquer loyalement en face du suffrage universel.

Je le déclare donc bien haut : JE SUIS BOULANGISTE.

POURQUOI

Je suis Boulangiste :

Parce que je suis patriote ;
Parce que je désire la paix ;
Parce que je suis républicain.

Parce que je suis patriote.

C'est chez moi une conviction profonde, conviction confirmée par une observation constante des faits pendant plus d'une année, que le général Boulanger, depuis le jour de son arrivée au ministère de la guerre jusqu'au jour de sa chute, n'a cessé de s'occuper avec une infatigable ardeur de la défense du pays. Il l'a fait en déployant une activité, une puissance de travail dont ses prédécesseurs n'avaient pas, au même degré, donné l'exemple. Peut-être les circonstances ont elles contribué, de leur côté, à imprimer encore plus de vigueur à ce développement d'activité.

Quoiqu'il en soit, l'impulsion donnée a eu un double résultat. D'une part, il s'est produit dans tout le pays comme un regain de patriotisme et de confiance. De l'autre, l'inquiétude, le mécontentement et la colère des gouvernants prussiens ont pris de telles proportions qu'il n'a même pas été possible de les dissimuler.

Nous avons donc vu la France tout entière, désireuse du maintien de la paix, mais s'apprêtant à repousser toute agression et à remplir les terribles devoirs que la guerre impose. Jamais provocatrice, mais confiante et résolue, l'opinion française était parvenue à un degré de sang-froid

qui se manifesta au plus haut point lors de l'incident de Pagny, et qui lui mérita la juste admiration de l'Europe entière.

Il n'y avait alors, à ce moment qui remonte à
quelques mois à peine, et qui pourtant semble aujourd'hui si éloigné de nous, nulle dissidence
dans aucun parti. Sans forfanterie, sans jactance,
chacun s'apprêtait à faire noblement et simplement son devoir de Français. Le bon droit était
si évidemment de notre côté que tous, nous nous
demandions quel pouvait bien être le but d'une
telle provocation, et nous ajoutions : Si le gouvernement prussien veut décidément anéantir la
France, eh bien, qu'il en porte la responsabilité
devant l'histoire, et qu'il y vienne !

Le sentiment unanime était que la France, bien
préparée, bien menée au combat, serait capable
non pas seulement de sauver l'honneur, mais
d'avoir raison de sa puissante ennemie.

Ce sentiment de confiance, au moment d'une
guerre, c'est plus de la moitié de la victoire. C'est
là ce qui fait qu'on ne désespère pas, qu'on sup-
porte, s'il le faut, sans perdre la tête, quelques
échecs partiels au début de la campagne. Pour
tout dire d'un mot, la confiance c'est la préparation morale à côté de la préparation matérielle, et
non moins importante que cette dernière.

Cette confiance, c'est le général Boulanger qui
l'avait inspirée. Le pays lui en fit honneur. De là,
son immense et rapide popularité. De là, cette
sorte de légende, qui répandit son nom jusque
dans les moindres hameaux, d'un bout à l'autre
du territoire.

Par cela même, la haine et la crainte qu'il inspirait au gouvernement prussien furent poussées jusqu'à la rage. On vit commencer, dans toute la bande des reptiles de M. de Bismarck, une abominable campagne de calomnies contre le ministre de la guerre. Cette presse gagnait son argent et d'ailleurs était dans son rôle.

Chose triste à dire, il y eut un homme qui ne fut pas dans le sien. Cet homme, artisan principal de la chute du général Boulanger, était l'ambassadeur de France à Berlin. Sans rapporter certains détails dont je dois la connaissance à des confidences particulières, j'ai le droit de dire que M. Herbette a été beaucoup moins un agent français auprès de l'Allemagne qu'un agent allemand auprès de la France. J'ai le droit d'ajouter que je mets le ministère actuel au défi de publier la correspondance diplomatique de M. Herbette au sujet du guet-apens de Pagny. Jamais un livre jaune ne sera publié complet sur cette affaire, tant que resteront au pouvoir les hommes qui s'y trouvent aujourd'hui.

L'explication de cette poltique d'abandon de la France par l'ambassadeur de France ne peut guère se trouver que dans la grande admiration professée par ce fonctionnaire pour M. Jules Ferry qui, le premier, avait tenté de vautrer la France aux pieds de M. de Bismarck. Il est juste d'ajouter que M. Herbette s'était trouvé flatté, dans son orgueil de parvenu, par les amabilités calculées qu'on affectait de lui prodiguer à la cour de Berlin.

Sa haine de la démocratie s'ajoutant au reste, M. Herbette fit dignement sa partie, — en sourdine, — dans le concert des reptiles. Il n'eut pour ainsi dire qu'un but unique, aussitôt la conclusion, tout à notre honneur, de l'incident de Pagny : détruire le général Boulanger. Volontiers il eut repris le projet de l'obscur député qui d'un coup s'est rendu célèbre en parlant d'administrer au général une forte dose de mort aux rats, dans le fond de sa tasse de café.

Cette intrigue contre un homme qui avait fait son devoir, et *parce qu'il avait son devoir*, était surtout une intrigue contre la patrie. Elle finit par réussir quand même. On sait comment.

On avait la complicité de certains hommes sans scrupules, las d'attendre le pouvoir et désireux de s'en emparer par tous les moyens. Par l'une de ces hypocrisies dont les tripotages parlementaires n'offrent que trop d'exemples, on obtint le concours de républicains de bonne foi, mais qui furent naïfs plus qu'il n'est permis de l'être.

Je l'ai dit du premier jour ; les républicains du Parlement qui ont contribué au renversement du ministère Goblet sous prétexte d'économies et de réformes fiscales ont été des dupes et des victimes. Ils ont donné dans un piège abominable, et sont devenus, sans le vouloir, les artisans de la fortune des malfaiteurs publics qui se servaient d'eux. Ils conservent des droits à l'estime, car ils étaient sincères ; mais qu'on ne nous parle pas de leur perspicacité en cette occasion.

Quoiqu'il en soit, une fois le ministère Goblet renversé, le coup était fait. Avant même la constitution du nouveau cabinet, on entreprit dans le Parlement, contre le général Boulanger, une campagne de calomnies, dans laquelle aucun moyen ne fut épargné. Depuis la terminaison de la crise, cette campagne a été poursuivie et se poursuit encore, alors que l'homme en butte à de telles attaques se trouve, par sa situation même, hors d'état d'y répondre.

On ne s'est pas aperçu que cette entreprise allait directement contre le but poursuivi. Loin d'affaiblir ainsi la popularité de l'ancien ministre de la guerre, popularité qui tient à des causes nationales, on a déconsidéré le Parlement, et voilà tout. En voyant les représentants du pays trouver parmi eux une majorité servile pour aider le nouveau ministère dans sa politique d'abandon, l'opinion publique, qui possède au plus haut point l'instinct du patriotisme, s'est retirée de cette majorité comme elle se retirait du ministère lui-même. Tout ce qu'on faisait perdre dans le Parlement au général Boulanger, on le lui faisait gagner dans le pays.

Quant au ministère Rouvier, sans aller jusqu'à prétendre qu'il trahit systématiquement la patrie, on est en droit d'affirmer qu'il est engagé dans la voie politique souhaitée par M. de Bismarck, voie dans laquelle s'était précédemment engagé M. Jules Ferry. C'est dans ce sens qu'un homme politique, parmi ceux qui ont refusé d'assumer une si lourde responsabilité, a pu dire : « Je ne veux pas qu'on puisse nous appeler le ministère de la défaillance nationale. » C'est dans ce sens que le gros public, moins délicat dans le choix des termes, a pu, avec raison, qualifier le ministère actuel du titre de MINISTÈRE ALLEMAND.

Parce que je désire la paix

L'un des principaux moyens employés pour ruiner le général Boulanger dans l'esprit du Parlement a consisté à le représenter comme un homme belliqueux, désireux de provoquer une guerre où il aurait trouvé un accroissement de gloire et le couronnement de son ambition. Sa seule présence dans un ministère, s'empressait-on d'ajouter, est, qu'il le veuille ou non, un danger pour la paix de l'Europe.

Sans m'arrêter pour l'instant à réfuter ce qu'il y avait de calomnieux dans les intentions prêtées au général, je crois plus utile d'examiner de sang-froid, sans aucune idée préconçue, sans aucune passion, la situation faite à l'heure actuelle au gouvernement prussien.

L'annexion brutale et violente de l'Alsace-Lorraine, l'impossibilité de germaniser les provinces annexées, les progrès constants et incessants du socialisme, progrès favorisés par l'excès de la misère, sont autant de causes d'inquiétude pour l'empire d'Allemagne. Si l'on y ajoute l'état troublé de l'Europe, les complications imprévues que cet état peut faire naître d'un jour à l'autre, enfin l'accroissement continuel de nos forces militaires, il est mille fois évident que le gouvernement prussien aurait le plus grand intérêt à brusquer les choses, pour anéantir la France par une guerre rapidement menée.

Mais une aussi terrible partie ne peut être engagée qu'à coup sûr, ou du moins avec des conditions telles de supériorité qu'on puisse se croire assuré de la victoire. D'un autre côté, l'opinion allemande exerce une certaine action, en dépit du régime despotique auquel l'Allemagne est soumise. Or, la nation allemande, pas plus que la nation française, ne désire la guerre. Celui des deux adversaires qui serait agresseur se placerait par cela même dans un état certain et fort dangereux d'infériorité morale.

Étant donnée cette situation, qui n'est pas exempte d'embarras, le rôle de la France était tout indiqué. Son intérêt et ses traditions le lui commandaient. Il s'agissait de continuer à outrance l'organisation de notre force défensive, de nous abstenir de toute provocation réelle ou apparente, et de tenir un langage ferme et net. Il n'y avait, en un mot, qu'à continuer d'être ce que nous avions été lors de l'incident de Pagny.

Depuis la chute du ministère Goblet, tout au contraire, l'œuvre de désorganisation a commencé; le seul programme militaire adopté a semblé être la destruction de l'œuvre du général Boulanger; il est inutile d'insister sur les détails.

A côté de la désorganisation matérielle, il s'est produit un désarroi moral résultant de la stupéfaction éprouvée par le pays, en présence de la chute d'un ministre de la guerre qui lui inspirait une confiance entière.

Donc, affaiblissement de la France, et par suite

accroissement des chances de guerre, l'Allemagne étant fondée à se croire aujourd'hui plus forte.

Il y a un danger tout aussi grave dans la politique ferryste d'aplatissement devant l'Allemagne, politique qui inspire actuellement le ministère. Après avoir cédé sur un point, puis sur un autre, il pourra finir par arriver une heure où les exigences, par leur excès même, produiront un sentiment de révolte du patriotisme français. Après avoir obéi, on résistera; et M. de Bismarck ne manquera pas d'interpréter cette résistance, opposée aux soumissions antérieures, comme un acte de provocation le couvrant vis-à-vis de son pays. Attaqués en fait, on nous représentera comme agresseurs.

De ce fait encore, accroissement des chances de guerre, puisque nous courons le risque de perdre l'appui que donné aux défenseurs de la paix l'opinion de la nation allemande.

Je me hâte de dire qu'à mon avis M. de Bismarck et les gouvernants prussiens se font de grandes illusions. Ils n'ont pas mesuré exactement l'étendue des progrès faits par notre pays, depuis ces dernières années, au point de vue matériel aussi bien qu'au point de vue moral. Ils oublient que nous avons des facultés merveilleuses pour improviser au moment du péril; et j'ai la ferme confiance que la guerre venant à éclater dans les conditions que j'ai dites, les choses ne tourneraient pas comme l'espère le parti militaire prussien. Mais il n'en est pas moins vrai que par la retraite du général Boulanger, on a donné satisfaction à M. de Bismarck, qu'on a augmenté la confiance de la Prusse en ses forces, et accru par cela même les probabilités d'un conflit franco-allemand.

Quant aux opinions personnelles de l'ancien ministre de la guerre, nous n'avons pour nous guider à ce sujet que ses actes passés. Or, il est impossible à ses plus mortels ennemis de citer un seul acte de lui qui puisse être raisonnablement interprété comme une tentative belliqueuse. Il a fait de la défense toujours ; de la provocation, jamais.

C'est donc en présence des faits que je crois à la complète et absolue sincérité de sa déclaration (reproduite ci-dessus comme épigraphe), lorsqu'il me disait un jour, au cours d'une des conférences que j'ai eues avec lui à l'occasion de la loi organique militaire :

Si je poussais à la guerre, je serais un fou. Si je ne m'y préparais pas je serais un misérable.

Parce que je suis républicain.

Pendant son séjour au ministère de la guerre, le général Boulanger, tout en faisant passer au premier rang de ses préoccupations l'organisation militaire de la France, s'est montré nettement républicain. Dès le début, il n'hésita pas à prendre contre les prétendants et leurs familles les mesures imposées par l'intérêt de la République. Plus tard, il réprima rigoureusement les velléités factieuses qui se manifestaient, en petit nombre, dans quelques corps de l'armée française.

Il est donc très naturel que cette attitude lui ait valu le concours et l'adhésion du parti républicain, peu habitué à rencontrer une aussi grande netteté de conduite chez les hommes placés à la tête de l'administration de la guerre. Ce qui est plus surprenant, c'est qu'on ait pu constater pendant de longs mois, du côté de la droite elle-même, des sympathies réelles ou simulées qui ne perdaient pas une occasion de se manifester, à tel point qu'on pouvait se demander s'il n'y avait pas une intention de compromettre le ministre.

Tout à coup, dans les derniers temps du ministère Goblet, se produisit une volte-face subite.

Les sympathies se transformaient en haine.

L'adhésion patriotique de la droite faisait place à une campagne systématique de dénigrement. Que s'était-il passé ? Quelle était la cause de ce revirement subit ? Je ne veux pas même essayer quant à présent de répondre à cette question ; j'y reviendrai tout à l'heure. Je me borne à constater un fait, qui est celui-ci : sans cause apparente et avouée, la droite, jusqu'alors sympathique au ministre de la guerre et hostile à l'opportunisme, devenant l'alliée de l'opportunisme et déployant contre le ministre de la guerre une véritable rage.

Les opportunistes, ou pour mieux dire les ferrystes, pour arriver au pouvoir et assurer dans l'avenir leur réélection, avaient besoin du concours de la droite. Qu'il y ait eu ou non pacte formel, il y a eu tout au moins entente indéniable. Des hommes, qui se proclament républicains, mais qui sont, au fond, hostiles à toutes les réformes réclamées par le parti républicain, ont mis leur main dans la main de la droite, comme on met la main dans un engrenage. Ils occupent aujourd'hui les emplois ministériels, c'est vrai ; mais ils sont prisonniers de leurs complices, victimes de leur excès d'habileté, et condamnés, qu'ils le veuillent ou qu'ils ne le veuillent pas, à faire de la politique anti-républicaine, à gouverner contre la démocratie.

Si c'est ainsi qu'ils comptent assurer le succès de leur entreprise électorale, ils se font des illusions étranges. Ces personnages devraient se souvenir du 24 mai et du 16 mai. Ils ont beau s'efforcer d'ajouter l'hypocrisie à leur œuvre de réaction, le suffrage universel n'est pas et ne sera pas dupe. Mais c'est le propre des réactions, en ce pays, — l'histoire contemporaine nous en apporte la preuve constante — de n'avoir jamais su mesurer leurs coups, prévoir l'avenir ni comprendre le sentiment du pays.

Pour sceller cette alliance avec la droite, complétant l'entente avec l'Allemagne, il fallait donner à la droite des gages. Quels ils furent? l'événement l'a déjà montré. D'abord, et avant tout, la retraite du général républicain qui, par sa ferme attitude, rendait confiance au pays; puis, la promesse de faire échouer en fait la loi militaire, promesse tenue par le rejet de l'article 49; puis, la restitution aux curés factieux des traitements retenus; puis des engagements sur les rapports de l'Etat avec l'église catholique, sur un arrêt dans la laïcisation des écoles, sur la tolérance envers les congrégations expulsées. Nous en passons, sans doute, et l'avenir ne tardera pas à nous éclairer.

Ce qu'on peut dire et ce qu'il faut dire, c'est que la retraite du général Boulanger correspondait à la mise en pratique du nouveau système de gouvernement inauguré depuis quelques semaines, c'est-à-dire du GOUVERNEMENT DES CURÉS.

COMMENT

JE SUIS

BOULANGISTE

———

I

Je l'ai déclaré à la tribune, je suis heureux de le répéter ici : personne plus que moi ne redoute, dans une démocratie, la glorification à outrance d'un individu, surtout si cet individu est un chef militaire, dispose ainsi d'une partie de la force publique, et peut être tenté de faire tourner cette force à son profit personnel.

Si le général Boulanger, demain, était pris du choléra ou succombait à une attaque d'apoplexie, y a-t-il un Français capable de considérer la France comme perdue pour cela, et disposé à désespérer du salut de la patrie ?

Non, l'existence de la patrie n'est pas liée à l'existence d'un homme.

Non, le temps est passé des sauveurs, des hommes providentiels et des hommes indispensables.

Mais s'il n'y a pas d'hommes indispensables, il a des hommes utiles. Et les hommes utiles sont surtout ceux qui, placés dans des situations importantes, ont su faire dignement leur devoir. Que le pays leur en ait de la reconnaissance, il faut s'en féliciter ; c'est le contraire qui serait déplorable. Qu'une grande popularité s'attache ainsi à leur nom, surtout quand il y va de l'existence nationale elle-même, c'est l'indication d'un profond sentiment de patriotisme, et l'on doit s'en réjouir.

D'ailleurs, dans toutes les périodes de notre histoire, et surtout de notre histoire la plus récente, est-ce que le sentiment populaire n'a pas manifesté ses tendances en les personnifiant ? Est-ce que, pour ne parler que de ces dernières années, il n'y a pas eu des Gambettistes ? (Le président actuel du Conseil, tout récemment, se vantait à la tribune d'être un Gambettiste.) Est-ce qu'il n'y a pas encore, à l'heure présente, des Clémencistes, qui donnent ainsi leur adhésion à la politique de l'éloquent orateur de l'extrême-gauche ?

Cela veut-il dire que Clémenceau s'apprête à usurper le pouvoir suprême et que Gambetta ait caressé le projet de se faire proclamer roi de France ? En aucune manière.

Tant que l'éducation politique ne sera pas poussée à un degré de raffinement qu'on peut encore longtemps attendre, le sentiment populaire trouvera commode, par une sorte de synthèse instinctive, de s'affirmer sur un nom propre, sans qu'il y mette pour cela aucune pensée d'abdication ni de servilité.

C'est humain et c'est inoffensif ; en tout cas, c'est un fait contre lequel les plus belles théories du monde ne sauraient prévaloir.

Donc, il y a aujourd'hui des Boulangistes ; c'est la Prusse, c'est le ministère Rouvier. c'est la Droite qui l'ont voulu.

Et, en me déclarant Boulangiste, je ne fais pas litière, devant un homme, de ma raison d'homme et de ma souveraineté de citoyen. Mais je trouve le moyen, en un seul mot, de protester à la fois contre la Droite, contre le cabinet Rouvier, contre la politique prussienne, — et pour la patrie.

II

On a cherché à épouvanter la France républicaine du fantôme d'une dictature militaire. On a
représenté le général Boulanger comme pouvant
faire courir à la République des périls sérieux, à
un jour donné.

Si je me bornais à répondre que j'ai confiance
en lui, que je le crois incapable de desseins criminels, on pourrait à bon droit me répliquer que
c'est là un sentiment personnel, que je ne suis
pas infaillible, que je me laisse peut-être abuser
par des sentiments d'estime et d'amitié dont je
suis la propre victime et que ne mérite pas celui
qui en est l'objet.

Mieux vaut laisser parler les faits. Le général
Boulanger, personne ne le conteste, s'est trouvé,
à un moment donné, en possession d'une popularité immense, alors qu'il était en même temps
ministre de la guerre. Y a-t-il une heure, y a-t-il
une minute où l'on puisse dire qu'il a tenté de se
servir de sa situation et de cette popularité pour
manifester la moindre velléité dictatoriale, pour
la laisser même entrevoir ?

Il y a plus. J'ai fait allusion plus haut à la
volte-face subite opérée par la droite dans son
attitude vis-à-vis du ministre de la guerre. Il a

été publié récemment à ce sujet par un journal des informations sur lesquelles il me semble qu'une partie de l'opinion a singulièrement tenté de prendre le change.

Dussé-je laisser dans l'esprit de mes lecteurs une grande déception, je me hâte de dire que je suis hors d'état d'apporter ici aucune révélation nouvelle, aucun détail à sensation, d'apparence plus ou moins mélodramatique.

Ce que je sais, par exemple, et ce que j'ai su depuis longtemps, c'est qu'à l'époque où la France passa par les émotions patriotiques que l'on se rappelle, où l'on se demandait si nous n'allions pas être attaqué, d'un jour à l'autre, des officiers généraux et supérieurs, des chefs de corps en grand nombre vinrent trouver spontanément et successivement le ministre de la guerre. Ils lui dirent : « Comptez sur notre patriotisme; nous sommes prêts, et les hommes que nous commandons sont prêts. L'armée a pleine confiance en son chef. Commandez, vous serez obéi. Le cœur de la France bat dans nos cœurs. »

Et c'est là le langage sur lequel, volontairement ou involontairement, on arrive à se méprendre ! Ces paroles patriotiques, on les transforme en une sorte d'invitation déguisée à un coup d'État.

En vain voudrait-on prétendre que ces protestations étaient inutiles, que l'armée est toujours prête et doit toujours être prête. Si vrai que cela puisse être en théorie, il n'en est pas moins certain que l'affirmation de la confiance n'est jamais inutile, la confiance ne se commandant jamais, et que dans les paroles que je viens de rappeler, il y avait simplement la manifestation d'un entrain patriotique dont tout bon Français ne peut que se féliciter.

C'était d'autant plus significatif que ce spectacle ne nous avait pas été donné depuis longtemps. Est-il donc impossible que des membres de la Droite, en présence d'un pareil état de choses, aient pensé que le moment pourrait être bon pour utiliser à leur profit cette bonne volonté mise au service de la patrie, pour employer les forces de la France contre la France elle-même, pour renouveler enfin l'un de ces attentats qui sont des crimes, mais que les monarchistes ne considèrent pas comme des crimes, lorsque le succès couronne l'entreprise ?

Il est infiniment probable que les tentatives faites alors eurent lieu sous forme de conversations insidieuses, ne donnant nulle prise à une réplique péremptoire, c'est-à-dire à l'incarcération immédiate des coupables. On procéda sans doute par allusions, par insinuations enveloppées sous des formes de langage plus que courtoises, aimables même jusqu'à l'exagération, et ne pouvant attirer d'autre réponse, de la part d'un homme sensé, qu'un sourire de pitié accompagnant une mise à la porte polie.

Si les choses se sont ainsi passées, et tout porte à le croire, sans quoi le revirement d'opinion de la Droite serait inexplicable, il s'ensuit que la perte du ministre de la guerre a été résolue dans l'esprit des monarchistes, du jour où ils eurent bien constaté qu'il refuserait d'obéir à leurs conseils criminels et qu'il ne se prêterait jamais à un coup d'Etat. Si bien qu'il a contre

lui des hommes qui lui en veulent de ne pas
s'être prêté à un coup de force, et d'autres qui le
considèrent comme capable de ce même coup de
force. Singulière coalition de haines irréfléchies.

Chez certains monarchistes, le culte et l'amour
de la force sont poussés à un degré d'aberration
qu'on ne pourrait pas soupçonner, J'en ai en-
tendu, de mes oreilles, manifester devant moi
le regret que le général Boulanger, le jour de
son départ et au moment de la manifestation de
la gare de Lyon, n'eût pas pris la résolution de
marcher sur l'Elysée et d'aller s'y installer, en
s'appuyant sur le consentement populaire. Comme
si, en dehors des sentiments d'honnêteté et de
la droiture républicaine qui l'animent, le général
Boulanger ne comprenait pas que les mêmes
amis qui le saluaient le plus chaleureusement à
son départ lui auraient brûlé la cervelle dans le
trajet entre la gare de Lyon et l'Elysée.

Certes on a le droit de porter par erreur sur
un homme des jugements injustes et de lui sup-
poser des intentions qui ne sont pas les siennes ;
mais au moins faudrait-il faire l'honneur à un
homme qu'on reconnaît intelligent de ne pas le
croire capable de commettre contre lui-même des
actes de folie. C'est ce qu'on fait lorsqu'on asso-
cie au nom de général Boulanger des idées de
coup d'Etat ou de dictature. Au fond, très peu y
croient. Tout au plus un nombre infime de
républicains à l'esprit inquiet se laissent-ils aller
sincèrement à manifester des appréhensions de
cette nature. La vérité vraie, c'est que cette campagne de haine, fondée sur l'exploitation de la
peur, est inspirée surtout par les monarchistes

unis au ministère, c'est-à-dire par des hommes qui savent parfaitement à quoi s'en tenir, qui simulent des appréhensions, mais ne les éprouvent pas.

C'est ce que la France a parfaitement compris. C'est pour cela qu'elle a conservé toute sa confiance à l'ancien ministre de la guerre, en même temps qu'elle manifestait son aversion pour les politiciens ambitieux qui travaillent, à la fois, à la déconsidération de la République et à l'anéantissement de la patrie.

A côté des hommes qui par calcul, haine et perfidie, s'évertuent à simuler une épouvante qu'ils ne ressentent pas, il y a dans le Parlement quelques républicains très sincères, animés d'une inquiétude sur laquelle il est bon de s'expliquer. Ceux-là reconnaissent, sans hésiter, qu'aucune dictature ni tentative de dictature n'est à redouter du fait du général Boulanger, qu'il n'a jamais eu la moindre pensée de coup d'État. Mais, ajoutent-ils, sa popularité dans les circonstances où elle s'est développée, tend à créer en ce pays un état d'esprit dont on s'était déshabitué, et qui peut devenir dangereux. Cette renommée d'un homme, et surtout d'un général, se mettant si rapidement en possession de la faveur populaire, ne présente-t-elle pas un symptôme redoutable pour l'avenir de la République !

Cette manière de voir, si sincère qu'elle puisse être, est à mon avis, complètement erronée, et tire son origine de l'état d'isolement dans lequel vivent les politiciens parlementaires. A force de voir pour tout horizon les quatre murs de la Chambre des députés, ils finissent par ne plus comprendre du tout le pays.

La vérité, c'est que la France est républicaine,

en dépit des efforts faits par les gouvernants pour la dégoûter de la République.

Elle est indépendante, et ne veut pas se livrer. Si un usurpateur commettait l'imprudence de porter la main sur sa souveraineté, elle lui infligerait sans retard une terrible leçon.

Mais si elle ne veut pas se livrer à un homme, elle ne veut pas non plus être livrée à la Prusse.

Et c'est dans ce sentiment patriotique qu'elle garde une profonde reconnaissance, une confiance affectueuse à l'homme qui a travaillé avec tant d'ardeur à la préparation de la défense nationale.

Cette reconnaissance et cette confiance se doublent de la répugnance et des inquiétudes qu'inspirent les hommes d'affaires aujourd'hui au pouvoir. On sait que leur politique est celle de M. Ferry, c'est-à-dire selon le cœur de M. de Bismarck. On sait que leur haine contre le général Boulanger est faite surtout de haine contre la patrie. On sait que, tout en se proclamant républicains, ils ne veulent rien de ce qui fait la grandeur de la République.

Dans ces conditions, le cri de « Vive Boulanger ! » a pour triple signification, dans l'esprit de ceux qui le poussent :

Vive la patrie !
Vive la République !
A bas le ministère allemand !

Y a-t-il rien là qui ressemble à un courant de servitude ?

Qu'on y prenne garde ; et qu'avec les meilleures intentions du monde on n'aille pas créer des périls très réels, pour éviter un danger imaginaire.

Notre époque a plus d'un point de ressemblance avec l'époque révolutionnaire de la fin du siècle dernier. Nous sommes peut-être appelés à voir s'accomplir des événements graves pour notre destinée et pour les destinées du monde.

Il y avait alors un cri populaire que nous avons quelque peu désappris et qui contenait tout un programme. C'était : « Vive la Nation ! » Cela voulait dire : Vive la France, vive la Révolution, à bas les émigrés, à bas les traîtres, à bas la réaction !

Qu'on y revienne, à ce vivat de nos pères ! Que le mot de *patriote* reprenne, lui aussi, la belle signification qu'il avait en ce temps là. Mais qu'on n'essaie pas de résister à l'esprit national qui s'est si admirablement réveillé chez nous.

A l'heure présente, devant les hontes gouvernementales, l'abandon de la patrie, les défections républicaines, devant la réaction hypocrite, le cléricalisme d'Etat, le règne des tripotages et des décorations stupéfiantes, devant toutes ces ignominies qui produisent l'effet d'un cauchemar, le cri de : « Vive Boulanger » est devenu le cri de ralliement des patriotes, et, comme à l'époque héroïque, il veut dire :

« VIVE LA NATION ! »

PARIS — IMPRIMERIE MAYER ET C°, 18, RUE RICHER

PARIS — IMPRIMERIE MAYER ET Cᵉ, 18, RUE RICHER